So verkaufen Sie bei eBay für Einsteiger 2024

Entdecken Sie das eBay-Geheimnis für unerfahrene Verkäufer.

JAKE HARRIS

So verkaufen Sie bei eBay für Einsteiger 2024

Copyright © 2024 von JAKE HARRIS

Alle Rechte vorbehalten. Kein Teil dieser Veröffentlichung darf ohne die vorherige schriftliche Genehmigung des Herausgebers in irgendeiner Form oder mit irgendwelchen Mitteln, einschließlich Fotokopie, Aufzeichnung oder anderen elektronischen oder mechanischen Methoden, reproduziert, verbreitet oder übertragen werden, außer im Falle kurzer Zitate in kritischen Rezensionen und bestimmten anderen nichtkommerziellen Nutzungen, die durch das Urheberrecht zulässig sind.

So verkaufen Sie bei eBay für Einsteiger 2024

Inhaltsverzeichnis

EINFÜHRUNG 5
   WAS IST eBay? 9
   WARUM BEI eBay VERKAUFEN? 10
   VORTEILE UND MÖGLICHKEITEN DES VERKAUFS AUF eBay 12
   WIE SIE DIESES BUCH EFFEKTIV NUTZEN KÖNNEN 15

ERSTE SCHRITTE MIT eBay 17
   EINRICHTEN EINES eBay-KONTOS 17
   ZAHLUNGSMETHODEN HINZUFÜGEN 20
   VERSTEHEN SIE DIE RICHTLINIEN UND RICHTLINIEN VON eBay 23
   ENTWICKLUNG EINES GUTEN VERKÄUFERRUFS 24

PROFITABLE PRODUKTE ZUM VERKAUF FINDEN 26
   Durchführung von Marktforschung bei eBay 26
   PRODUKTNACHFRAGE UND WETTBEWERBSBEWERTUNG 28
   BESCHAFFUNG VON PRODUKTEN ZUM VERKAUF 31
   LISTENFORMATE UND PRODUKTKATEGORIEN VERSTEHEN 33

ÜBERZEUGENDE PRODUKTLISTEN ERSTELLEN ..37
   So erstellen Sie einen magnetischen Titel 37
   METHODEN ZUR AUSWAHL EINES STARTPREISES 39
   LISTENVORLAGEN FÜR eBay 41

So verkaufen Sie bei eBay für Einsteiger 2024

ERHÖHUNG DER SICHTBARKEIT DES EINTRAGS MIT SEO UND KEYWORDS 43
DAS MANAGEMENT VON VERTRIEB UND KUNDENSERVICE 47
   VERWALTUNG DER KUNDENKOMMUNIKATION UND ANFRAGEN: 47
   BESTELLABWICKLUNG UND ARTIKELVERSAND: 49
   Rückerstattungen und Retourenmanagement: 51
   ERSTKLASSIGEN KUNDENSERVICE BIETEN 52
   Umgang mit schwierigen Kunden: Herausforderungen in Chancen verwandeln...54
AUKTIONEN VS. FESTPREISLISTEN: DIE RICHTIGE VERKAUFSSTRATEGIE BEI EBAY WÄHLEN...........56
   WÄHLEN DES EFFEKTIVEN ANSATZES:...........59
   OPTIMIEREN SIE IHR EBAY-GESCHÄFT 61
HÄUFIGE FEHLER UND STÖRUNGEN VERHINDERN 64
   UNGENAUE ODER UNGENÜGENDE PRODUKTBESCHREIBUNGEN: 64
   Ignorieren der Richtlinien und Standards von eBay:......65
   Vernachlässigung hochwertiger Produktbilder: 65
   Schlechte Kommunikation und schlechter Kundenservice: 65
   VERSÄUMUNG DER DURCHFÜHRUNG EINER KONkurrenzfähigen Preisforschung: 66
   SCHLECHTER VERSAND UND VERPACKUNG:...66
   KUNDENBEWERTUNGEN UND FEEDBACK IGNORIEREN: 66
FAZIT: IHRE eBay-ERFOLGREISE 68

So verkaufen Sie bei eBay für Einsteiger 2024

So verkaufen Sie bei eBay für Einsteiger 2024

EINFÜHRUNG

Willkommen in der aufregenden Welt des Online-Unternehmertums, in der es unzählige Möglichkeiten gibt und der Erfolg nur ein paar Klicks entfernt ist! Wenn Sie dieses Buch in der Hand halten, begeben Sie sich auf eine Reise in die dynamische Welt von eBay – einem der dynamischsten Online-Marktplätze weltweit. Herzlichen Glückwunsch zum ersten Schritt, der Ihnen die Türen zu einer Welt voller Möglichkeiten öffnet.

In diesem Leitfaden enthüllen wir die Geheimnisse des eBay-Verkaufs für Anfänger und vermitteln Ihnen das Wissen und die Strategien, die Sie benötigen, um sich erfolgreich auf diesem digitalen Marktplatz zurechtzufinden. Egal, ob Sie Ihr Zuhause aufräumen, einen Nebenjob starten oder ein vollwertiges Online-Geschäft aufbauen möchten: eBay bietet eine Plattform, auf der Ihre Wünsche Wirklichkeit werden können.

Warum eBay?

Sie fragen sich vielleicht: Warum eBay? Was unterscheidet es von anderen Online-Verkaufsplattformen? Die Antwort liegt in eBays einzigartiger Mischung aus Zugänglichkeit, globaler Reichweite und vielfältiger Nutzerbasis. eBay wurde 1995 gegründet und hat sich zu einem führenden E-Commerce-Unternehmen entwickelt, das Millionen von Käufern und Verkäufern weltweit miteinander verbindet. Was als Plattform für Einzelpersonen zur Versteigerung von Sammlerstücken begann, hat sich zu einem riesigen Marktplatz entwickelt, der alles von Vintage-Fundstücken bis hin zu modernster Technologie umfasst.

Eine der Hauptattraktionen von eBay ist seine Inklusivität – hier findet jeder, vom erfahrenen Unternehmer bis zum Einzelgänger, der gerade seinen Kleiderschrank aufräumt, einen Platz. Egal, ob Sie handgefertigtes Kunsthandwerk,

So verkaufen Sie bei eBay für Einsteiger 2024

seltene Sammlerstücke oder die neuesten Gadgets verkaufen, eBay bietet Verkäufern aller Art gleiche Wettbewerbsbedingungen. Diese Inklusivität hat zur lebendigen und vielfältigen Community der Plattform beigetragen.

Lernen Sie Jake kennen: Ihren Guide

Jake Harris, Ihr Begleiter auf dieser eBay-Reise, hat in der riesigen Welt des Online-Verkaufs Erfolg gehabt. Er verspricht ein profitables und unterhaltsames eBay-Verkaufsabenteuer und legt dabei Wert auf einen freundlichen, engagierten und erreichbaren Ansatz.

Navigieren durch die eBay-Landschaft

Bevor wir uns mit den Feinheiten des eBay-Verkaufs befassen, lassen Sie uns über Ihre Ziele nachdenken. Was erhoffen Sie sich durch den Verkauf bei eBay? Wenn Sie Ihre Ziele verstehen, können Sie während Ihrer gesamten eBay-Reise fundierte Entscheidungen treffen.

Stellen Sie sich einen überfüllten Raum vor, der mit Gegenständen gefüllt ist, die Sie nicht mehr verwenden, die wertvollen Platz beanspruchen und Staub ansammeln. Jake befand sich vor nicht allzu langer Zeit in dieser Situation. Als er sich fragte, ob es eine Möglichkeit gäbe, seinen vergessenen Schätzen neues Leben einzuhauchen und gleichzeitig etwas mehr Geld zu verdienen, stieß er auf eBay – den dynamischen Online-Marktplatz, der Käufer und Verkäufer aus der ganzen Welt zusammenbringt.

So verkaufen Sie bei eBay für Einsteiger 2024

Ihre einzigartige Reise

In den kommenden Kapiteln wird Jake auf seine persönliche Reise als erfolgreicher eBay-Verkäufer zurückgreifen und Ihnen praktische Tipps, Tricks und Strategien geben. Von Anfang an und ohne Vorkenntnisse führt er Sie durch die Navigation auf dem eBay-Marktplatz. Gemeinsam entdecken Sie die Geheimnisse, wie Sie überzeugende Produktlisten erstellen, die Aufmerksamkeit potenzieller Käufer auf sich ziehen und Ihre Gewinne maximieren.

In diesem Leitfaden geht es nicht nur um die technischen Aspekte des Verkaufs bei eBay. Es ist eine Erkundung Ihrer Kreativität, eine Gelegenheit, Ihren Unternehmergeist zu fördern und eine Einladung, die Spannung beim Aufbau Ihres eigenen Online-Geschäfts zu genießen. Tauchen Sie ein in die Käuferpsychologie, beherrschen Sie effektive Kommunikation und verstehen Sie die Kunst, außergewöhnlichen Kundenservice zu bieten, der dafür sorgt, dass Kunden wiederkommen.

Jake möchte, dass Sie sich während Ihres gemeinsamen Abenteuers gestärkt und inspiriert fühlen. Unabhängig von Ihrem Hintergrund oder Erfahrungsniveau ist der Erfolg von eBay zum Greifen nah. Der Verkauf bei eBay ermöglichte es ihm, seine Leidenschaft für das Aufräumen und die Liebe zum Schreiben in ein erfüllendes Unterfangen zu verwandeln. Er glaubt, dass es das Gleiche für Sie tun kann.

Suchen Sie sich also einen bequemen Platz, bereiten Sie Ihre Lieblingstasse Tee oder Kaffee zu und machen Sie sich bereit für eine aufregende Reise. Ganz gleich, ob Sie ein Hausmann sind, der zu Hause bleibt und ein zusätzliches Einkommen sucht, ein Rentner, der einem erfüllenden Hobby nachgeht, oder jemand, der von einer Leidenschaft für Unternehmertum angetrieben wird: Dieses

So verkaufen Sie bei eBay für Einsteiger 2024

Buch ist Ihr Schlüssel zum Erfolg im dynamischen eBay-Universum.

Dies ist nur der Ausgangspunkt Ihrer Expedition. Tauchen Sie ein in die weite Welt von eBay, nutzen Sie Ihr Verkaufspotenzial und erkunden Sie die unzähligen Möglichkeiten, die auf Sie warten. Gemeinsam werden Jake und Sie Ihre Träume vom Online-Erfolg in eine lebendige Realität verwandeln.

FROHES VERKAUFEN!

So verkaufen Sie bei eBay für Einsteiger 2024

WAS IST eBay?

eBay gilt als bahnbrechender Online-Marktplatz und fungiert als globaler Knotenpunkt, der Käufer und Verkäufer nahtlos miteinander verbindet. eBay wurde 1995 vom amerikanischen Geschäftsmann Pierre Omidyar gegründet und hat sich zu einer vielseitigen Plattform entwickelt, auf der Privatpersonen und Unternehmen eine umfangreiche Produktpalette kaufen und verkaufen können. Von Elektronik und Mode bis hin zu Sammlerstücken und Haushaltswaren bietet eBay einen vielfältigen Marktplatz, der auf unterschiedliche Interessen und Bedürfnisse zugeschnitten ist.

eBay hat seinen Hauptsitz in San Jose, Kalifornien, und ist international tätig. Die einzelnen Websites bedienen Regionen wie die Europäische Union, zahlreiche asiatische Länder, die Vereinigten Staaten, Kanada und andere. Der benutzerfreundliche Ansatz der Plattform, gepaart mit ihrem Engagement für sicheren und offenen Handel, hat eBay zu einer dominierenden Kraft im globalen E-Commerce-Sektor gemacht.

Während eBay ursprünglich für seine Auktionsverkäufe bekannt war, hat es sein Angebot nun auch auf Festpreistransaktionen ausgeweitet, um den unterschiedlichen Vorlieben seiner großen Nutzerbasis gerecht zu werden. Ausschlaggebend für den Erfolg von eBay war PayPal, ein Online-Zahlungssystem, das eBay im Jahr 2002 erwarb und später im Jahr 2015 in ein separates Unternehmen aufspaltete. Bemerkenswerte Akquisitionen in den 2000er Jahren, darunter StubHub, Shopping.com, Rent.com und Skype (im Jahr 2009 verkauft).), bereicherte das Angebot von eBay weiter.

eBay setzt auf ein Feedbacksystem, das es Nutzern ermöglicht, Verkäufer nach Transaktionen zu bewerten. Dieser Selbstregulierungsmechanismus zielt darauf ab, eine

So verkaufen Sie bei eBay für Einsteiger 2024

vertrauenswürdige Handelsgemeinschaft zu schaffen, obwohl es zu Herausforderungen und Kontroversen gekommen ist. Trotz des rechtlichen Drucks in Europa im Zusammenhang mit dem Vertrieb gefälschter Produkte hat sich eBay weiterhin zu verantwortungsvollen Geschäftspraktiken verpflichtet. Über die eBay Foundation unterstützt das Unternehmen weltweit lokale Gemeinschaftsprojekte und zeigt damit sein Engagement für soziale Verantwortung.

WARUM BEI eBay VERKAUFEN?

In der ständig wachsenden Landschaft des Online-Handels sticht eBay als Plattform hervor, die nicht mit Verkäufern konkurriert und eine sichere Alternative für Marken und Händler bietet. Obwohl Amazon ein starker Konkurrent ist, ist eBay aufgrund seiner einzigartigen Funktionen und Vorteile eine überzeugende Wahl für Unternehmen, die ihre E-Commerce-Strategien diversifizieren möchten.

1. **Erweitern Sie Ihr Publikum:** Mit über 182 Millionen aktiven Kunden bietet eBay ein großes Publikum für Marken und Händler. Der Verkauf bei eBay ermöglicht es Unternehmen, ein anderes Marktsegment zu erschließen und ihren Kundenstamm zu erweitern.

2. **Untersuchen Sie neue Regionen und Märkte:** Eine internationale Expansion kann kostspielig und zeitaufwändig sein. eBay vereinfacht diesen Prozess durch das Angebot von 25 internationalen Websites, sodass Unternehmen ohne große finanzielle Investitionen neue Regionen erkunden können.

3. **Schaufenster bei eBay:** eBay-Storefronts bieten Händlern eine hervorragende Möglichkeit, die Markenbekanntheit zu steigern. Es ermöglicht

So verkaufen Sie bei eBay für Einsteiger 2024

Unternehmen, ihre Markenidentität auf dem eBay-Marktplatz zu etablieren und bietet Kunden einen speziellen Bereich, in dem sie Produkte bequem erkunden können.

4. **eBay-Versand:** Managed Delivery, eBays Antwort auf Fulfillment by Amazon, bietet Verkäufern eine optimierte Lösung für die Lagerung, Verpackung und den Versand von Waren. Dieser Service reduziert die Komplexität, senkt die Kosten und verbessert das allgemeine Serviceniveau für die Kunden.

Zusammenfassend lässt sich sagen, dass die einzigartige Position von eBay in der E-Commerce-Landschaft, gepaart mit seinem Engagement für benutzerfreundliche Praktiken, eBay zu einer attraktiven Plattform für Unternehmen macht, die nach neuen Möglichkeiten und vielfältigen Märkten suchen. Egal, ob Sie ein erfahrener Verkäufer sind oder gerade erst anfangen: eBay bietet einen dynamischen und zugänglichen Bereich für den Online-Handel.

VORTEILE UND MÖGLICHKEITEN DES VERKAUFS AUF eBay

In der dynamischen Welt des Online-Handels entwickelt sich eBay zu einer Plattform, die sowohl Anfängern als auch erfahrenen Unternehmern eine Vielzahl von Vorteilen und Möglichkeiten bietet. Schauen wir uns diese Vorteile genauer an:

1. **Globale Reichweite und umfangreicher Kundenstamm:** Die einzigartige Stärke von eBay liegt in seiner Fähigkeit, Verkäufer mit einem globalen Kundenstamm zu verbinden. Mit Millionen von Nutzern auf der ganzen Welt dient

So verkaufen Sie bei eBay für Einsteiger 2024

eBay als Tor für Verkäufer, um Kunden weit über die Grenzen eines traditionellen Ladengeschäfts hinaus zu erreichen.

2. **Benutzerfreundliches Bedienfeld:** Die Benutzeroberfläche von eBay ist auf Benutzerfreundlichkeit zugeschnitten und macht sie für Verkäufer zugänglich, unabhängig von ihrer Vertrautheit mit dem Online-Handel. Von der optimierten Kontoeinrichtung bis zur Erstellung von Angeboten sorgt das intuitive Design von eBay mit hilfreichen Tools und Anleitungen für ein nahtloses Erlebnis.

3. **Niedrige Anlaufkosten und Flexibilität:** Die Einrichtung eines Shops bei eBay erfordert nur minimale Vorabinvestitionen und unterscheidet sich dadurch von herkömmlichen Geschäftsmodellen. Diese Erschwinglichkeit ermöglicht es Verkäufern, in kleinerem Maßstab zu beginnen und schrittweise zu expandieren. Darüber hinaus bietet eBay Flexibilität in Bezug auf die Arbeitszeiten, sodass Verkäufer ihre Geschäfte nach Belieben verwalten können.

4. **Verschiedene Produktkategorien:** eBay bietet eine breite Palette an Produktkategorien, die von Elektronik bis hin zu handgefertigtem Kunsthandwerk reichen. Verkäufer genießen die Freiheit, Produkte auszuwählen, die ihren Leidenschaften oder ihrem Fachwissen entsprechen, was zu einem angenehmeren und personalisierteren Verkaufserlebnis führt.

5. **Dynamische Preisgestaltung und Auktionsformat:** Das Auktionsformat bei eBay ermöglicht es Verkäufern, ihre Gewinne zu optimieren, indem es potenziellen Käufern

ermöglicht, auf Artikel zu bieten. Die Einbindung der „Sofort-Kaufen"-Option ermöglicht Festpreisangebote und richtet sich an Kunden, die einen Sofortkauf bevorzugen. Diese Preisflexibilität ermöglicht es Verkäufern, sich an sich ständig ändernde Marktbedingungen anzupassen.

6. **Zugriff auf Analyse- und Verkäufertools:** Die Analysetools von eBay bieten Verkäufern Einblicke in Leistungskennzahlen, Kundenverhalten und datengesteuerte Entscheidungsfindung. Diese Tools, ergänzt durch Funktionen wie Werbetools und Verkäuferschutzrichtlinien, tragen zum Wachstum und zur Optimierung des Verkäufergeschäfts bei.

7. **Blühende Community und Unterstützung:** Verkäufer auf eBay werden zu integralen Mitgliedern einer lebendigen Community und pflegen Kontakte zu erfahrenen Verkäufern und begeisterten Käufern. Die Foren und Diskussionsrunden der Plattform dienen als wertvolle Knotenpunkte für die Suche nach Rat, den Wissensaustausch und die Gewinnung von Erkenntnissen aus den kollektiven Erfahrungen anderer.

WIE SIE DIESES BUCH EFFEKTIV NUTZEN KÖNNEN

Herzlichen Glückwunsch, dass Sie „So verkaufen Sie bei eBay für Anfänger" als Leitfaden für Ihre eBay-Reise ausgewählt haben. Um den Nutzen dieser Ressource zu maximieren, befolgen Sie diese Schritte:

1. **Lesen Sie die Einleitung:** Beginnen Sie mit der Einführung, um sich einen umfassenden Überblick

So verkaufen Sie bei eBay für Einsteiger 2024

über eBay zu verschaffen und die potenziellen Chancen zu erkennen, die vor Ihnen liegen.

2. **Sequentielle Lernstruktur:** Gehen Sie die Kapitel nacheinander durch, beginnend mit Kapitel 2. Jedes Kapitel baut auf dem vorherigen auf und schafft so eine logische und schrittweise Lernerfahrung.

3. **Notizen machen und hervorheben:** Notieren Sie wichtige Konzepte, Strategien und spezifische Anweisungen und heben Sie wichtige Punkte hervor, damit Sie sie leichter nachschlagen können.

4. **Umsetzbare Tipps und Beispiele:** Achten Sie besonders auf die im Buch enthaltenen umsetzbaren Tipps und Beispiele aus der Praxis. Die Umsetzung dieser Strategien wird Ihre Einträge verbessern und Ihre Erfolgschancen erhöhen.

5. **Aktive Umsetzung des Lernens:** Wenden Sie das in den einzelnen Kapiteln gewonnene Wissen aktiv an. Die gleichzeitige Umsetzung von Strategien mit dem Lernen stärkt Ihr Selbstvertrauen und beschleunigt positive Ergebnisse.

6. **Referenz für Herausforderungen:** Betrachten Sie das Buch als wertvolles Nachschlagewerk. Wenn Sie auf Herausforderungen oder spezifische Fragen stoßen, lesen Sie die relevanten Kapitel noch einmal anhand des Inhaltsverzeichnisses und des Index durch.

7. **Kontinuierliche Neugier und Lernen:** Erkennen Sie, dass eBay eine dynamische Plattform ist, die kontinuierliches Lernen erfordert. Entdecken Sie die Ressourcen von eBay, interagieren Sie mit Online-Communities und suchen Sie nach aktuellen Informationen, um auf dem sich ständig weiterentwickelnden Markt agil zu bleiben.

So verkaufen Sie bei eBay für Einsteiger 2024

Dieses Buch legt eine solide Grundlage für die Navigation in der eBay-Verkaufslandschaft. Nehmen Sie die Lernreise an, setzen Sie Ihre Bemühungen fort und genießen Sie die Erfahrung, sich zu einem erfolgreichen eBay-Verkäufer zu entwickeln.

.

ERSTE SCHRITTE MIT eBay

Herzlichen Glückwunsch zum ersten Schritt auf dem Weg zum erfolgreichen eBay-Verkäufer! In diesem Kapitel führen wir Sie durch den Prozess der Registrierung eines eBay-Kontos und stellen Ihnen die wesentlichen Informationen zur Verfügung, die Sie für den Beginn Ihrer eBay-Reise benötigen. Am Ende dieses Kapitels verfügen Sie über eine solide Grundlage, um sich sicher auf der eBay-Plattform zurechtzufinden.

.

EINRICHTEN EINES eBay-KONTOS

Auch wenn die Erstellung eines eBay-Kontos ein unkomplizierter Vorgang ist, ist es von entscheidender Bedeutung, ihn richtig durchzuführen. Anfängern mangelt es häufig an den grundlegenden Kenntnissen, die zum Einrichten eines eBay-Kontos erforderlich sind, beispielsweise zum Hinzufügen von Zahlungsoptionen und zum Konfigurieren von Shop-Richtlinien. Dieser Mangel an Verständnis kann ihre Fähigkeit beeinträchtigen, gleich zu Beginn Verkäufe zu tätigen.

Ein gut etabliertes Konto schafft Vertrauen bei den Kunden, zeugt von Glaubwürdigkeit und ermöglicht reibungslose Transaktionen. Lass uns anfangen.

So verkaufen Sie bei eBay für Einsteiger 2024

PERSÖNLICHE UND GESCHÄFTSKONTEN

Wenn Sie sich für ein neues eBay-Konto anmelden, haben Sie die Möglichkeit, zwischen einem Privat- und einem Geschäftskonto zu wählen. Wenn Sie Ihre Geschäftsidentität mit Ihrem eBay-Shop verknüpfen möchten, ist ein Geschäftskonto die ideale Wahl. Für Gelegenheitsverkäufe eignet sich jedoch ein persönliches Konto. In beiden Fällen können Sie Ihren Kontotyp später bei Bedarf ändern. So erstellen Sie ein Konto:

1. Besuchen Sie die offizielle eBay-Website und klicken Sie oben links neben der eBay-Anmeldeschaltfläche auf „Registrieren". Sie werden zur eBay-Seite „Konto erstellen" weitergeleitet.

2. Mit den Schaltern neben den Schaltflächen „Privatkonto" und „Geschäftskonto" können Sie ganz einfach den von Ihnen bevorzugten Kontotyp auswählen. Geben Sie Ihre Daten entsprechend ein, einschließlich Ihres Vornamens, Nachnamens und Passworts für ein persönliches Konto bzw. Ihres Firmennamens, Ihres Passworts, Ihres Benutzernamens und Ihres Geschäftsstandorts für ein Geschäftskonto.

3. Klicken Sie auf die Schaltfläche „Konto erstellen", um den ersten Schritt zum Erstellen eines eBay-Kontos abzuschließen.

<u>Profi-Tipp: Wenn Sie bereits über ein eBay-Konto aus früheren Einkäufen verfügen, sollten Sie es für den Verkauf nutzen. Ein Käufer-Feedback-Score für das Konto kann dessen Vertrauenswürdigkeit erhöhen.</u>

So verkaufen Sie bei eBay für Einsteiger 2024

AUF VERKAUFEN UMSTELLEN

Um Ihr eBay-Verkäuferkonto zu aktivieren und alle eBay-Funktionen freizuschalten, sind einige zusätzliche Schritte erforderlich. So wechseln Sie zu Ihrem Verkäuferkonto:

1. Melden Sie sich bei Ihrem Konto an und wählen Sie „Mein eBay" aus dem Dropdown-Menü oben rechts.

2. Wählen Sie „Verkaufen" aus dem Menü und Sie werden aufgefordert, zusätzliche Informationen für Ihr Verkäuferkonto anzugeben.

3. Geben Sie Details wie Land, Adresse, Stadt, Bundesland, Postleitzahl und Telefonnummer ein. Stellen Sie sicher, dass die Informationen korrekt sind, um potenzielle Probleme in der Zukunft zu vermeiden.

4. Nach Abschluss wird die Meldung „Willkommen in Ihrer Verkaufsübersicht!" angezeigt. Dies markiert die Aktivierung Ihres eBay-Verkäuferkontos und Sie können die „eBay-Verkaufsübersicht" verwenden, um Artikel zu verkaufen oder Verkaufsdaten einzusehen.

Für regelmäßige eBay-Verkäufe sollten Sie die Aktivierung des „eBay Seller Hub" in Betracht ziehen, einer moderneren Version der „eBay Selling Overview". Ihr eBay-Verkäuferkonto muss mindestens einen Verkauf aufweisen, bevor Sie den Seller Hub aktivieren können.

Um die eBay Seller Hub-Seite zu finden, suchen Sie einfach bei Google nach „eBay Seller Hub".

So verkaufen Sie bei eBay für Einsteiger 2024

ZAHLUNGSMETHODEN HINZUFÜGEN

Bevor Sie mit dem Verkauf bei eBay beginnen können, ist es wichtig, Ihre Zahlungskonten zu verknüpfen. eBay bietet Ihnen die Möglichkeit, das verdiente Geld über verschiedene Zahlungsoptionen auf Ihr Konto einzuzahlen. Darüber hinaus erhebt eBay auf Käufe Servicegebühren, weshalb es wichtig ist, sofort über eine verknüpfte Zahlungsmethode zu verfügen.

So fügen Sie eine Zahlungsoption hinzu:

Um Ihr Bankkonto oder Ihre Kredit-/Debitkarte mit eBay zu verbinden, befolgen Sie die nachstehenden Anweisungen.

Um Ihr Bankkonto oder Ihre Kredit-/Debitkarte mit eBay zu verbinden, gehen Sie folgendermaßen vor:

1. Klicken Sie auf der eBay-Startseite auf „Hallo Name!" aus dem Dropdown-Menü, in dem sich die Anmeldeschaltfläche für ebay.com befand. Wählen Sie „Kontoeinstellungen".

2. Ihr Standort wechselt zur Seite „Mein eBay". Bestätigen Sie, dass Sie sich auf der Registerkarte „Konto" befinden.

3. Klicken Sie unter „Zahlungsinformationen" auf „Weiter", wenn Sie eine „Willkommen!"-Nachricht erhalten.

4. Wählen Sie „Zahlungsoption hinzufügen" aus der Liste „Zahlungsoptionen". Abhängig von Ihrem Standort werden möglicherweise Optionen wie

So verkaufen Sie bei eBay für Einsteiger 2024

„Kredit- oder Debitkarte" und „Bankkonto" angezeigt.

5. Klicken Sie auf „Weiter" und Ihre Zahlungsmethode wird nach Eingabe der erforderlichen Informationen hinzugefügt.

Entscheidender Punkt zu PayPal

Ab sofort unterstützt eBay PayPal nicht mehr als Zahlungsmethode für Verkäufer. Diese Entscheidung steht im Einklang mit dem Ziel von eBay, durch internes Zahlungsmanagement mehr Umsatz zu erzielen und so einen Teil der Transaktionskosten einzubehalten. Dieser Übergang führt auch zu geringeren Gebühren für Verkäufer, die von 15 % auf etwa 12,09 % sinken.

Im Jahr 2024 ist ein Bank- oder Girokonto zwingend erforderlich, um Managed Payments einzurichten und Geld von eBay zu erhalten und gleichzeitig Gebühren zu bezahlen.

VERBINDUNG IHRES PAYONEER-KONTOS MIT eBay

Um Ihr Payoneer-Konto mit eBay zu verknüpfen, gehen Sie folgendermaßen vor:

1. Klicken Sie im Seller Hub unter „eBay verwaltet Zahlungen" auf „Jetzt registrieren".

2. Geben Sie Ihr Passwort erneut ein und klicken Sie dann auf „Erste Schritte", nachdem Sie alle Anweisungen auf der folgenden eBay-Seite sorgfältig gelesen haben.

So verkaufen Sie bei eBay für Einsteiger 2024

eBay führt Sie durch den Vorgang. Wenn Sie kein Payoneer-Konto haben, stellen Sie sicher, dass Sie eines erstellen, da Sie während des Vorgangs nach Ihren Payoneer-Kontoinformationen gefragt werden. Ihre Anfrage wird nach Abschluss übermittelt.

3. Warten Sie ein paar Tage. Wenn alle Ihre Angaben korrekt sind und Ihre Anfrage angenommen wird, sendet eBay Ihnen eine Einladung.

DIE RICHTLINIEN UND RICHTLINIEN VON eBay VERSTEHEN

Um ein angenehmes Verkaufserlebnis zu gewährleisten, ist es von entscheidender Bedeutung, die Richtlinien und Richtlinien von eBay zu verstehen. Machen Sie sich mit den folgenden wichtigen Themen vertraut:

1. **Verkäuferstandards:** Verkäufer müssen die Anforderungen von eBay einhalten, einschließlich der Bereitstellung eines hervorragenden Kundenservices, der Bereitstellung korrekter Artikelbeschreibungen und der Sicherstellung eines schnellen Versands. Machen Sie sich mit diesen Richtlinien vertraut, um einen guten Ruf als Verkäufer aufrechtzuerhalten.
2. **Eintragungsrichtlinien:** Bei eBay gibt es Regeln, die festlegen, was verkauft werden darf und was nicht. Sehen Sie sich die Liste der verbotenen und eingeschränkten Produkte an, um sicherzustellen, dass Ihre Angebote den eBay-Richtlinien entsprechen.
3. **Verkäufergebühren:** Der Verkauf von Waren bei eBay ist mit Kosten verbunden. Um die Kosten genau abzuschätzen und Preise festzulegen, müssen

So verkaufen Sie bei eBay für Einsteiger 2024

Sie die Gebührenstruktur verstehen, einschließlich Einfügungsgebühren, Endwertgebühren und aller anderen optionalen Ausgaben.

4. **eBay-Gebühren und Gebühren:** Viele neue Verkäufer verkaufen ihre Waren zu niedrig und erleiden Verluste, weil sie die eBay-Gebühren nicht kennen. Obwohl es verschiedene Gebühren gibt, sind die meisten optional. Die Hauptgebühren umfassen:

    - **Einfügungsgebühren:** Die Kosten für den Erhalt weiterer Angebote, wobei eBay monatlich 250 kostenlose Angebote zulässt. Zusätzliche Angebote kosten jeweils 0,35 $.
    - **Endwertgebühren:** Eine Gebühr für den Endwert jedes verkauften Artikels, in der Regel 0,30 $ zuzüglich eines Prozentsatzes des Gesamtverkaufspreises (bis zu 12,9 %, je nach Kategorie).

ENTWICKLUNG EINES GUTEN VERKÄUFERRUFS

Der Aufbau eines guten Rufs ist entscheidend für den Erfolg als eBay-Anbieter. Hier einige Hinweise:

1. Verfassen Sie präzise und ausführliche Produktbeschreibungen, einschließlich Artikeleigenschaften und Zustand. Seien Sie offen für alle Probleme.

So verkaufen Sie bei eBay für Einsteiger 2024

2. Nehmen Sie gestochen scharfe, auffällige Bilder auf, die die Qualität Ihrer Artikel unterstreichen.

3. Versenden Sie Produkte schnell und sicher. Verwenden Sie geeignete Verpackungsmaterialien und geben Sie Informationen zur Sendungsverfolgung an.

4. Reagieren Sie schnell auf Nachrichten und Anfragen und kommunizieren Sie professionell und transparent.

GESCHÄFTSPOLITIK ERSTELLEN

Die frühzeitige Festlegung von Geschäftsrichtlinien ist für den Aufbau eines langfristig tragfähigen eBay-Verkaufsunternehmens von entscheidender Bedeutung. Richtlinien informieren Verbraucher über wichtige Details wie Rücksendekosten, Versandpläne und Zahlungspräferenzen. Befolgen Sie diese Schritte, um mit der Erstellung von Richtlinien zu beginnen:

1. Suchen Sie bei Google nach „eBay-Geschäftsrichtlinien".

2. Nachdem Sie den Inhalt gelesen haben, wählen Sie den „Opt-in"-Link. Klicken Sie auf der nächsten Seite auf „Erste Schritte".

3. Wählen Sie „Richtlinie erstellen" aus dem Dropdown-Menü, um mit der Erstellung von Zahlungs-, Rückerstattungs- und Versandrichtlinien zu beginnen.

So verkaufen Sie bei eBay für Einsteiger 2024

PROFITABLE PRODUKTE ZUM VERKAUF FINDEN

Durchführung von Marktforschung bei eBay

Umfangreiche Marktforschung ist entscheidend für die Suche nach erfolgreichen Waren, die Sie auf eBay anbieten können. Befolgen Sie diese Vorgehensweisen für eine erfolgreiche Marktforschung:

- **Untersuchen Sie die beliebten und angesagten Artikel von eBay:** Nutzen Sie die eBay-Kategorien „Trendartikel" und „Beliebte Artikel", um Waren zu identifizieren, die stark nachgefragt werden oder immer beliebter werden. Achten Sie auf wiederkehrende Produktkategorien, um lukrative Nischen zu entdecken.

- **Verwenden der erweiterten Suchoptionen von eBay:** Nutzen Sie erweiterte Suchoptionen, um Ihre Recherche auf bestimmte Faktoren wie Kategorie, Zustand, Preisspanne und Artikelstandort zu konzentrieren. Diese Filter bieten Einblicke in Wettbewerb, Preismuster und Verbraucherpräferenzen.

- **Untersuchen von Daten aus abgeschlossenen Angeboten und Verkäufen:** Studieren Sie abgeschlossene Angebote, um die Marktnachfrage zu ermitteln und zu beurteilen, wie vergleichbare Waren bei eBay abgeschnitten haben. Diese Daten offenbaren den Marktwert, die

So verkaufen Sie bei eBay für Einsteiger 2024

Verbrauchernachfrage und die potenzielle Rentabilität.

- **Spezialisierte Märkte und Produktmöglichkeiten finden:** Suchen Sie nach spezialisierten Märkten und Möglichkeiten, einzigartige Produkte zu verkaufen. Nischensektoren haben oft weniger Konkurrenz, sodass Sie sich von anderen abheben und möglicherweise Ihre Gewinnmargen steigern können.

Denken Sie daran, dass die eBay-Marktforschung eine fortlaufende Aktivität ist. Bleiben Sie über Branchentrends auf dem Laufenden, passen Sie Ihre Strategie nach Bedarf an und positionieren Sie sich für den Erfolg als eBay-Verkäufer

So verkaufen Sie bei eBay für Einsteiger 2024

PRODUKTNACHFRAGE UND WETTBEWERBSBEWERTUNG

Die Beurteilung der Produktnachfrage und des Wettbewerbs ist für die Suche nach erfolgreichen Artikeln für den Verkauf auf eBay von entscheidender Bedeutung. Befolgen Sie die folgenden Methoden, um die Produktnachfrage genau zu bestimmen und die Wettbewerbslandschaft zu verstehen:

1. **Untersuchung von Markttrends und Produktnachfrage:**
   - Analysieren Sie Verbrauchertrends und Markttrends, um die Nachfrage nach einem Produkt zu ermitteln.
   - Überwachen Sie Nachrichten aus der Branche, Social-Media-Trends und kulturelle Einflüsse auf Verbraucherentscheidungen.
   - Entdecken Sie den eBay-Bereich „Beliebt bei eBay", um Einblicke in die aktuellen Kundenpräferenzen zu erhalten.

2. **Analyse von Verkäufer- und Wettbewerbskennzahlen:**
   - Verstehen Sie das Wettbewerbsumfeld, indem Sie die Angebote der Mitbewerber untersuchen.

So verkaufen Sie bei eBay für Einsteiger 2024

- Konzentrieren Sie sich auf Preise, Produktpräsentation, Lieferoptionen und den Ruf des Verkäufers.
- Studieren Sie Feedback-Scores, positive Bewertungen und den Status des bestbewerteten Verkäufers, um Einblicke in Glaubwürdigkeit und Kundenzufriedenheit zu erhalten.

3. **Verwendung von Verkaufserkenntnissen und -berichten bei eBay:**

- Nutzen Sie eBay-Tools wie Terapeak und Seller Hub für Marktforschung und -analyse.
- Erhalten Sie Informationen über Marktnachfrage, Verkaufsmuster und durchschnittliche Verkaufspreise.
- Identifizieren Sie beliebte Kategorien und verstehen Sie Preismuster mithilfe datengestützter Beurteilungen.

4. **Nutzung externer Tools für die Marktforschung:**

- Ziehen Sie zusätzliche Marktforschungstools wie Google Trends, SEMrush und Jungle Scout in Betracht.
- Führen Sie mithilfe externer Ressourcen ausführliche Preisanalysen, Keyword-Recherchen, Wettbewerbsanalysen und Marktanalysen durch.

Durch den Einsatz dieser Techniken können Sie aufschlussreiche Informationen sammeln, die Ihnen bei der Auswahl der Produkte helfen, die Sie bei eBay verkaufen möchten. Im nächsten Abschnitt werden verschiedene Ansätze zur Produktbeschaffung behandelt

So verkaufen Sie bei eBay für Einsteiger 2024

So verkaufen Sie bei eBay für Einsteiger 2024

BESCHAFFUNG VON PRODUKTEN ZUM VERKAUF

Nachdem Sie lukrative Produkte ermittelt und die Marktnachfrage bewertet haben, besteht der nächste Schritt darin, Artikel für eBay-Verkäufe zu beschaffen. Dieser Abschnitt führt Sie durch verschiedene Beschaffungsstrategien und Überlegungen:

1. **Verschiedene Beschaffungstechniken verstehen:**

    - Großhandel: Kaufen Sie Waren in großen Mengen mit Rabatt bei Herstellern oder Großhändlern.

    - Dropshipping: Arbeiten Sie mit Anbietern zusammen, die in Ihrem Namen die Lagerhaltung und den Kundenversand übernehmen.

    - Einzelhandelsarbitrage: Kaufen Sie reduzierte Waren im Einzelhandel oder im Ausverkauf zum Weiterverkauf.

    - Lokale Beschaffung: Entdecken Sie Flohmärkte, Flohmärkte und Secondhand-Läden für einzigartige Artikel.

    - Private Labeling: Entwickeln Sie Ihre Marke und lassen Sie Artikel unter dieser Marke zum Verkauf bei eBay produzieren.

So verkaufen Sie bei eBay für Einsteiger 2024

2. **Untersuchung regionaler und Online-Großhändler:**
   - Recherchieren Sie lokale und Online-Großhandelsanbieter in Ihrem gewählten Produktbereich.
   - Besuchen Sie Fachausstellungen, prüfen Sie Großhandelsverzeichnisse und kontaktieren Sie Hersteller für potenzielle Lieferanten.
   - Stellen Sie sicher, dass die Anbieter einen guten Ruf haben und stets qualitativ hochwertige Waren liefern.

3. **Prüfung der Optionen für Dropshipping und Fulfillment:**
   - Entdecken Sie zuverlässige Dropshipping-Anbieter, die auf Ihre Zielgruppe zugeschnitten sind.
   - Erwägen Sie für die Lagerung und den Versand von Lagerbeständen Fulfillment-Einrichtungen oder -Dienste von Drittanbietern wie eBay Managed Payments.

4. **Nutzung von Tools und Apps zur Produktbeschaffung:**
   - Nutzen Sie Tools und Anwendungen wie SaleHoo, Oberlo oder Inventory Source, um den Lagerbestand zu überwachen und Lieferanten zu ermitteln.
   - Vergleichen Sie Kosten und beschleunigen Sie den Beschaffungsprozess mithilfe von Technologie.

So verkaufen Sie bei eBay für Einsteiger 2024

5. **Bestimmung der Authentizität und Qualität eines Produkts:**

- Stellen Sie sicher, dass Artikel strengen Standards für Authentizität und Qualität entsprechen, bevor Sie sie bei eBay einstellen.

- Untersuchen Sie Produkte und Lieferanten gründlich, lesen Sie Kundenbewertungen und fordern Sie bei Bedarf Muster an.

Indem Sie diese Beschaffungsoptionen erkunden und die Zuverlässigkeit und Authentizität der Artikel berücksichtigen, können Sie einen vertrauenswürdigen und vielfältigen Bestand für eBay-Verkäufe erstellen.

Im nächsten Abschnitt geht es um das Verständnis der Angebotsformate und Produktkategorien bei eBay.

LISTENFORMATE UND PRODUKTKATEGORIEN VERSTEHEN

Für den Verkauf von Artikeln auf eBay ist es wichtig zu verstehen, wie Produktkategorien und Angebotsformate funktionieren. Die folgende Liste wichtiger Faktoren und Vorschläge zur Steigerung der Bekanntheit und des Umsatzes soll Ihnen als Leitfaden dienen:

Entdecken Sie die Produktkategorien bei eBay

Um es Kunden zu erleichtern, das Gesuchte zu erkunden und zu finden, kategorisiert eBay seine Artikel in mehrere Gruppen. Erfahren Sie mehr über die Kategorien und

So verkaufen Sie bei eBay für Einsteiger 2024

Unterkategorien, auf die zugegriffen werden kann und die für Ihre Artikel gelten. Dadurch wird sichergestellt, dass potenzielle Käufer Ihre Anzeigen problemlos und an der richtigen Stelle finden können. Um zu erfahren, wie Anbieter ihre Artikel anbieten, sehen Sie sich vergleichbare Angebote in den von Ihnen ausgewählten Kategorien an.

Wählen Sie die richtige Kategorie für Ihre Produkte

Damit Ihre Artikel gesehen werden und die richtigen Kunden erreichen, müssen Sie die passende Kategorie auswählen. Nehmen Sie sich etwas Zeit, um die eBay-Kategoriehierarchie kennenzulernen und zu verstehen. Da sie Einfluss darauf haben können, wie Kunden nach Ergebnissen suchen und diese filtern, sollten Sie die Funktionen und Filter berücksichtigen, die in den einzelnen Kategorien angeboten werden. Berücksichtigen Sie bei der Auswahl der Kategorie, die Ihr Produkt am besten beschreibt, den Geschmack und die Erwartungen Ihrer Zielgruppe.

Effektivere Gestaltung von Angeboten für verschiedene Angebotsformate

eBay bietet eine Vielzahl von Angebotsformen, darunter Angebote zum Festpreis und Angebote im Auktionsstil. Beachten Sie bei der Entscheidung, wie Sie Ihre Artikel auflisten, die Vorteile und Faktoren, die für jedes Format zu berücksichtigen sind. Während Anzeigen mit Festpreisen den Verbrauchern einen schnellen Kauf erleichtern, können Angebote im Auktionsstil für Aufregung und Konkurrenz bei den Geboten sorgen. Wählen Sie ein Format, das sowohl die Nachfrage nach Ihren Artikeln als auch Ihren Preisplan widerspiegelt.

So verkaufen Sie bei eBay für Einsteiger 2024

Den Wert von Schlüsselwörtern und Produktbeschreibungen erkennen

Verfassen Sie ansprechende und präzise Produktbeschreibungen, die die wesentlichen Merkmale, Details und Vorteile Ihrer Waren hervorheben. Um die Sichtbarkeit Ihrer Beschreibungen bei Suchanfragen zu erhöhen, verwenden Sie relevante Schlüsselwörter. Denken Sie über die Schlüsselwörter nach, die potenzielle Kunden verwenden könnten, um vergleichbare Artikel zu finden, und fügen Sie diese Begriffe dann organisch in Ihre Angebote ein. Vermeiden Sie die Verwendung falscher oder irrelevanter Schlüsselwörter, da dies Kunden abschrecken und Ihrem Ruf schaden könnte.

Nutzung von Produktspezifika und -attributen zur Erhöhung der Sichtbarkeit

Nutzen Sie die Produktfunktionen und -spezifikationen von eBay, um detaillierte Informationen zu Ihren Artikeln bereitzustellen. Käufer können Suchergebnisse mithilfe dieser Details nach bestimmten Kriterien wie Marke, Farbe, Größe oder Zustand filtern und einschränken. Füllen Sie diese Felder vollständig aus, um sicherzustellen, dass Ihre Angebote in relevanten Suchanfragen angezeigt werden, und erhöhen Sie Ihre Chancen, potenzielle Käufer anzulocken.

Sie können die Sichtbarkeit Ihrer Angebote erhöhen und Kunden gewinnen, indem Sie die Produktkategorien von eBay verstehen, die geeigneten Angebotsformate auswählen, Ihre Beschreibungen mit relevanten

So verkaufen Sie bei eBay für Einsteiger 2024

Schlüsselwörtern optimieren und ausführliche Produktdetails anbieten

ÜBERZEUGENDE PRODUKTLISTEN ERSTELLEN

So erstellen Sie einen magnetischen Titel

Tun Sie alles in Ihrer Macht stehende, um die 55 zulässigen Zeichen in der Überschrift Ihres Eintrags mit bekannten Schlüsselwörtern zu füllen, die auch für das von Ihnen verkaufte Produkt relevant sind.

Dazu gehören selbstverständlich der Titel oder Name des Produkts, sein Zustand (falls es neu ist) und alle anderen Begriffe, die häufig mit Ihren Waren in Verbindung gebracht werden.

Stellen Sie sicher, dass sie offensichtlich auch für das Produkt relevant sind. Ihr Titel sollte Begriffe enthalten, die ein Kunde im Allgemeinen in eine eBay-Suchleiste eingeben könnte, um einen Artikel dieser Art zu finden, da die meisten Käufer bei der Suche nach Produkten bei eBay lediglich Schlüsselwörter eingeben.

Atemberaubende Auflistungsbilder

Alle Fotos Ihrer Angebote müssen klar und elegant sein und einen Hintergrund haben, der mit der Farbe des Artikels kontrastiert. In den meisten Fällen möchten Sie je nach verkauftem Artikel viele Fotos haben, wobei jedes

So verkaufen Sie bei eBay für Einsteiger 2024

Foto aus einer anderen Perspektive und/oder Entfernung aufgenommen wird.

Verwenden Sie beim Verkauf eines gebrauchten Artikels niemals ein Archivbild von der Website eines Herstellers oder Dropshippers, da dies den Eindruck erweckt, dass der Artikel brandneu ist. Sie sollten von jedem Gegenstand, den Sie besitzen, einzigartige Fotos machen, unabhängig davon, ob er brandneu oder getragen ist. Am besten eignet sich eine Digitalkamera mit mindestens 8 Megapixeln. Ein oder zwei gute Bilder können den größten Teil des Verkaufs für Sie ausmachen. Stellen Sie daher sicher, dass Sie anhand Ihrer Bilder ganz einfach erkennen können, wie der Artikel aussieht.

METHODEN ZUR AUSWAHL EINES STARTPREISES

eBay empfiehlt allen Verkäufern, ihre Auktionen mit bescheidenen Anfangsgeboten zu eröffnen, oft zwischen 1 Cent und 99 Cent, um das Bieten zu fördern, Käufer auf die Angebote aufmerksam zu machen und Ihre Sichtbarkeit in den Suchergebnissen zu erhöhen. Überhöhte Preise sind einer der größten Fehler, die eBay-Verkäufer machen, und diese Händler haben selten Erfolg.

Achten Sie daher darauf, Ihre Sachen vor dem Kauf gründlich zu studieren. Bedenken Sie auch, dass sich über 50 % der eBay-Produkte zu Festpreisen oft besser verkaufen als bei Auktionen. Natürlich ist es auch wichtig, darauf zu achten, dass Ihre Preise im Vergleich zu denen anderer Anbieter, die derzeit den gleichen Artikel anbieten, angemessen sind.

So verkaufen Sie bei eBay für Einsteiger 2024

Darüber hinaus empfehle ich Ihnen, immer zu erklären, dass Sie die besten Angebote begrüßen (Sie müssen keine Angebote annehmen; Sie sollten den Käufern jedoch dennoch erlauben, sie einzureichen, da dies zeigt, dass Sie anpassungsfähig und bereit sind, Zugeständnisse zu machen).

FORMATIEREN DER BESCHREIBUNG IHRES EBAY-ANGEBOTS

Abhängig vom verkauften Produkt können die Beschreibungen erheblich variieren, aber im Allgemeinen sollte jede Beschreibung zumindest alles enthalten, was unten aufgeführt ist (oft in dieser Reihenfolge):

Weitere Ratschläge

Der Text sollte in kleine, „mundgerechte" Abschnitte aufgeteilt werden, da längere Absätze dazu führen, dass der Leser abschaltet.

Geben Sie jeder Komponente in der Beschreibung eine eigene Struktur, z. B. eine Überschrift, einen kurzen Absatz, ein Bild, eine Liste mit Aufzählungspunkten, einen kurzen Absatz und Richtlinieninformationen (Kontakt, Zahlung, Versand, Rücksendungen usw.), und lassen Sie zwischen den einzelnen Komponenten ausreichend Platz eins.

Verwenden Sie viele verschiedene Textfarben, Schriftgrößen und einen Schriftstil, der zu dem von Ihnen verkauften Artikel passt. Mit anderen Worten: Gestalten

So verkaufen Sie bei eBay für Einsteiger 2024

Sie Ihre Beschreibung unterhaltsam und ästhetisch ansprechend.

Im Allgemeinen ist es besser, Farben zu verwenden, die die von Ihnen verwendete Vorlage ergänzen (siehe unten).

Verwenden Sie niemals die Standardschriftgröße, -farbe oder den Standardstil auf einem weißen Hintergrund anstelle des Standardschwarzes! Dies macht potenziellen Kunden klar, dass Sie nur sehr wenig Zeit und Mühe in das Verfassen Ihrer Beschreibung investiert haben.

LISTENVORLAGEN FÜR eBay

Fügen Sie Ihrem Eintrag immer eine Vorlage, einen Hintergrund oder einen Rahmen hinzu, der mit der Art der von Ihnen angebotenen Waren und dem Farbschema des Beschreibungsinhalts übereinstimmt. Auch wenn Sie weiterhin nur das eBay-Verkaufsformular verwenden, können Sie für 10 Cent eine Listing-Designer-Vorlage hinzufügen und aus einer Vielzahl von eBay-Themen auswählen:

Eine Kopfzeile, die den Produktnamen in einer großen Schriftart wiedergibt, möglicherweise fett, unterstrichen oder sogar in Großbuchstaben, und die in einer auffälligen Farbe wie Dunkelblau oder Rot gedruckt wird. Meistens können Sie Ihren Titel einfach wiederholen.

Ein prägnanter, einleitender Absatz (nicht mehr als drei Sätze), der das von Ihnen angebotene Produkt, seinen Hauptvorteil und seine besonderen Eigenschaften beschreibt.

So verkaufen Sie bei eBay für Einsteiger 2024

ein genaues, vollständiges und gut verarbeitetes Bild der Ware in der Artikelbeschreibung.

Darüber hinaus möchten Sie eine Liste mit Aufzählungszeichen oder Nummern mit kurzen, prägnanten Sätzen bereitstellen, die die wichtigsten Informationen und die Verkaufsaspekte des Artikels hervorheben.

Die wichtigsten Vorteile des Kaufs dieses Artikels könnten dann in einem zweiten Absatz zusammengefasst werden (optional).

Fügen Sie vor Ihrer Abreise Bereiche für Ihre Rückerstattungsrichtlinien, Versandinformationen und einen Kontaktbereich hinzu.

ERHÖHUNG DER SICHTBARKEIT DES EINTRAGS MIT SEO UND KEYWORDS

Willkommen auf dem digitalen Schlachtfeld von eBay, wo die Erhöhung der Sichtbarkeit Ihres Angebots der Schlüssel zur Eroberung des mörderischen Online-Marktes ist. Steigern Sie Ihr eBay-Angebot, indem Sie die Kunst der Suchmaschinenoptimierung (SEO) beherrschen und Ihre Angebote strategisch mit fesselnden Schlüsselwörtern anreichern. Hier ist Ihr Leitfaden, um in der wettbewerbsintensiven Welt von eBay nicht nur zu überleben, sondern auch erfolgreich zu sein:

1. Führen Sie eine Keyword-Recherche durch:

- Tauchen Sie in die Gedanken potenzieller Käufer ein, indem Sie

So verkaufen Sie bei eBay für Einsteiger 2024

   eine umfangreiche Keyword-Recherche durchführen.

- Erkunden Sie die riesige eBay-Landschaft mithilfe des Suchfelds und entdecken Sie beliebte und trendige Waren.

- Entdecken Sie versteckte Schätze mit Keyword-Recherchetools von Drittanbietern und decken Sie Begriffe mit hohem Traffic und geringer Konkurrenz auf.

2. Fügen Sie Schlüsselwörter in Titel und Untertitel ein:

- Nutzen Sie die Leistungsfähigkeit des Suchalgorithmus von eBay, indem Sie relevante Schlüsselwörter in Ihre Titel und Untertitel integrieren.

- Gestalten Sie Titel, die nicht nur informativ, sondern auch anziehend sind und die Aufmerksamkeit der Leser auf den ersten Blick fesseln.

- Ihr Titel sollte nicht nur erzählen, sondern auch verkaufen und die Alleinstellungsmerkmale Ihres Produkts effektiv vermitteln.

3. Optimieren Sie Ihre Produktbeschreibungen:

- Verwandeln Sie Ihre Produktbeschreibungen in überzeugende Erzählungen voller Informationen und Intrigen.

So verkaufen Sie bei eBay für Einsteiger 2024

- Verteilen Sie Keywords organisch im gesamten Text und achten Sie darauf, die Gefahr einer Keyword-Überladung zu vermeiden.
- Jedes Wort sollte zu einer lebendigen Darstellung Ihres Produkts beitragen und es sowohl sichtbar als auch unwiderstehlich machen.

4. Verwenden Sie Artikelmerkmale:

- Tauchen Sie tiefer in die Einzelheiten ein und nutzen Sie die speziellen eBay-Bereiche für Marke, Modell, Größe und Farbe.
- Füllen Sie diese Felder präzise und detailliert aus, um sicherzustellen, dass Ihr Angebot in den eBay-Suchergebnissen hervorsticht.
- Schlüsselwörter sind hier nicht nur Bezeichnungen; Sie sind das Geheimnis, um die Sichtbarkeit Ihres Eintrags zu steigern.

5. Nutzen Sie die Werbetools von eBay:

- eBay stattet Sie mit einem Arsenal an Werbetools aus – Promotion-Manager, Markdown-Manager und eBay-Angebote.
- Setzen Sie diese Tools strategisch ein, um für Ihre Waren Aufsehen zu erregen und eine Schar eifriger Käufer anzulocken.
- Erstellen Sie Werbeinhalte, die nicht nur ansprechen, sondern auch Anklang finden, gespickt mit fesselnden Beschreibungen und strategischen Schlüsselwörtern.

6. Überwachen Sie die Eintragsleistung:

So verkaufen Sie bei eBay für Einsteiger 2024

- Wagen Sie sich in den Bereich der Analytik und analysieren Sie Klickraten, Konversionsraten und Verkaufsstatistiken.

- Entdecken Sie Muster und nutzen Sie die Datenwelle, indem Sie Schlüsselwörter, Titel und Beschreibungen entsprechend den Vorlieben Ihrer Zielgruppe anpassen.

- Ihre Einträge sind dynamisch – lassen Sie sie auf der Grundlage von Echtzeit-Einblicken weiterentwickeln.

7. Für Mobilgeräte optimieren:

- Da mobile Geräte in der Einkaufswelt im Mittelpunkt stehen, sollten Sie sicherstellen, dass Ihre Angebote für Mobilgeräte geeignet sind.

- Erstellen Sie Titel, Beschreibungen und Bilder, die auf kleineren Bildschirmen anmutig tanzen.

- Nutzen Sie mobilzentrierte SEO-Taktiken und stellen Sie kürzere Schlagzeilen und prägnante Beschreibungen für ein Einkaufserlebnis unterwegs bereit.

8. Sorgen Sie für ein großartiges Kundenerlebnis:

- Bei eBay ist der Ruf das A und O. Halten Sie Ihr Unternehmen aufrecht, indem Sie erstklassige Kundenerlebnisse bieten.

- Lassen Sie gutes Feedback, pünktliche Lieferung und hervorragender Kundenservice die Säulen sein, die Ihre Sichtbarkeit erhöhen.

So verkaufen Sie bei eBay für Einsteiger 2024

- Ihr Engagement für Spitzenleistungen spiegelt sich in der Sichtbarkeit Ihrer Einträge wider.

Bleiben Sie flexibel, passen Sie sich den sich ständig weiterentwickelnden Regeln und Best Practices von eBay an und beobachten Sie, wie Ihre Angebote neue Höhen in der Sichtbarkeit erreichen und so die Voraussetzungen für den Erfolg schaffen.

DAS MANAGEMENT VON VERTRIEB UND KUNDENSERVICE

Machen Sie sich bereit für den eBay-Bereich, wo der Erfolg nicht nur von den Produkten abhängt, sondern auch vom feinen Zusammenspiel von effizientem Vertriebsmanagement und erstklassiger Kundenbetreuung. Tauchen Sie ein in die folgenden Hinweise und entdecken Sie die Kunst, nicht nur zu verkaufen, sondern ein Einkaufserlebnis zu schaffen, von dem Kunden schwärmen werden:

VERWALTUNG DER KUNDENKOMMUNIKATION UND ANFRAGEN:

1. **Schnell reagieren:**
   - Geschwindigkeit ist Ihr Verbündeter – antworten Sie innerhalb von 24 Stunden auf Nachrichten und Anfragen und zeigen Sie so

So verkaufen Sie bei eBay für Einsteiger 2024

Ihr Engagement für hervorragenden Kundenservice.

So verkaufen Sie bei eBay für Einsteiger 2024

2. **Seien Sie respektvoll und professionell:**
   - Lassen Sie Höflichkeit Ihre Sprache sein, sprechen Sie Kunden mit Namen an und geben Sie umfassende Antworten.
   - Ihre Professionalität sollte sich in jeder Interaktion widerspiegeln und den Kunden das Gefühl geben, geschätzt und gehört zu werden.

Geben Sie konkrete Informationen an:
- Informieren Sie Ihre Kunden mit klaren und genauen Informationen über Ihre Produkte, Versandverfahren und andere relevante Details.
- Machen Sie jede Interaktion zu einer Gelegenheit, Kunden zu fundierten Kaufentscheidungen zu verleiten.

Stellen Sie mehrere Kommunikationswege bereit:
- Öffnen Sie die Tore weit – bieten Sie Ihren Kunden verschiedene Möglichkeiten, Sie zu erreichen, sei es über eBay-Nachrichten, E-Mail oder das gute alte Telefon.
- Seien Sie ein Meister in der Symphonie der Kommunikation und reagieren Sie umgehend auf jeden Kanal.

So verkaufen Sie bei eBay für Einsteiger 2024

BESTELLABWICKLUNG UND ARTIKELVERSAND:

Eine schnelle und ordnungsgemäße Bearbeitung von Bestellungen ist für die Einhaltung Ihrer angegebenen Bearbeitungszeit und der eBay-Anforderungen an einen schnellen Versand von entscheidender Bedeutung.

1. **Zuverlässige Verpackung:**
   - Schützen Sie Ihre Schätze mit einer Verpackung, die nicht nur schützt, sondern auch Ihr Qualitätsbewusstsein unterstreicht.

2. **Geben Sie Tracking-Details an:**
   - Verwandeln Sie Unsicherheit in Vertrauen, indem Sie für jede Bestellung Tracking-Nummern angeben.
   - Verbessern Sie das Kundenerlebnis, indem Sie sie auf dem Laufenden halten und so die Notwendigkeit von Anfragen zu Lieferaktualisierungen reduzieren.

Überlegungen zum internationalen Versand:

- Navigieren Sie klar durch die Weltmeere – kennen Sie die Regeln, Gebräuche und etwaige zusätzliche Kosten.

- Erhellen Sie den Weg für ausländische Kunden und sorgen Sie für ein reibungsloses und transparentes Einkaufserlebnis.

So verkaufen Sie bei eBay für Einsteiger 2024

Rückerstattungen und Retourenmanagement:

1. **Deklarieren Sie die Rückgabeverfahren klar:**
   - Lassen Sie Klarheit zu Ihrem Leitbild werden – geben Sie in Ihren Anzeigen Einzelheiten zur Rückgabe an, darunter Fristen, Bedingungen und etwaige anfallende Kosten.

2. **Retouren umgehend abwickeln:**
   - Seien Sie im Bereich Retouren schnell – reagieren Sie klar auf Anfragen und führen Sie Kunden durch den Prozess.

3. **Gehen Sie professionell mit Problemen um:**
   - Nehmen Sie Probleme als Chancen wahr – gehen Sie professionell auf unzufriedene Kunden ein und bieten Sie Lösungen an, die Fairness widerspiegeln.
   - Ihr Engagement für eine Lösung spiegelt sich in den von Ihnen geführten Aufzeichnungen wider – detailliert und transparent.

So verkaufen Sie bei eBay für Einsteiger 2024

ERSTKLASSIGEN KUNDENSERVICE BIETEN

1. **Gehen Sie darüber hinaus:**
   - Machen Sie Ihren Service zu einer Kunst – versenden Sie personalisierte Dankeskarten, enthüllen Sie exklusive Angebote und bieten Sie eine Fülle von Informationen an.
2. **Initiative ergreifen:**
   - Lassen Sie Ihren Service zu einem Tanz werden, zu einem Rhythmus von Follow-ups, der sicherstellt, dass Kunden nicht nur einmal kaufen, sondern auch wiederkommen.
3. **Behalten Sie in schwierigen Situationen Gelassenheit:**
   - Bleiben Sie im Sturm der Kundenbeschwerden ruhig – bewahren Sie Gelassenheit, bemühen Sie sich um Verständnis und finden Sie Lösungen.
   - Lassen Sie jede Kritik ein Sprungbrett für Verbesserungen sein und ein Kundenserviceerlebnis schaffen, das die Zeit überdauert.

So verkaufen Sie bei eBay für Einsteiger 2024

Im Bereich eBay, wo Transaktionen mehr als nur Austausch, sondern Erlebnisse sind, ist Ihr Weg zum Erfolg mit einem hervorragenden Kundenservice geebnet. Gehen Sie selbstbewusst vor, passen Sie sich kontinuierlich an und lassen Sie jede Interaktion ein Beweis für Ihr Engagement für die Kundenzufriedenheit sein.

Umgang mit schwierigen Kunden: Herausforderungen in Chancen verwandeln

Um den Vertrieb erfolgreich zu verwalten und einen hervorragenden Kundenservice zu bieten, müssen Sie herausfordernde Situationen mit Kunden meistern. Hier sind einige dynamische Strategien für den effektiven Umgang mit schwierigen eBay-Kunden:

1. **Behalten Sie einen kühlen Kopf und arbeiten Sie intelligent:**
    - Reagieren Sie stets professionell und gelassen und vermeiden Sie Reaktionen, die die Situation eskalieren lassen könnten.
    - Fördern Sie Empathie und versuchen Sie, die Perspektive und Bedenken des Kunden zu verstehen.

So verkaufen Sie bei eBay für Einsteiger 2024

2. **Einfühlsame Antworten und aktives Zuhören:**
   - Hören Sie sich die Kritik oder Bedenken Ihrer Kunden aktiv an und geben Sie ihnen die Möglichkeit, sich umfassend zu äußern.
   - Gehen Sie ihre Probleme mit Respekt und Einfühlungsvermögen an und versichern Sie ihnen, dass ihr Beitrag geschätzt wird.

3. **Versuch zu verstehen und zu klären:**
   - Nutzen Sie offene Fragen, um ein tieferes Verständnis für das Problem des Kunden zu gewinnen.
   - Formulieren Sie ihre Bedenken, um ein umfassendes Verständnis und Engagement für die Lösungsfindung zu demonstrieren.

4. **Bieten Sie Lösungen und Optionen an:**
   - Bieten Sie praktische Lösungen an, um die Bedenken des Kunden auszuräumen und eine für beide Seiten akzeptable Lösung zu finden.
   - Seien Sie flexibel und offen für faire Forderungen oder Kompromisse und beachten Sie dabei Ihre geschäftlichen Zwänge.

5. **Bei Bedarf eskalieren:**
   - Wenn die Lösung schwierig erscheint, sollten Sie erwägen, die Angelegenheit an den Kundendienst oder die Vermittlungsdienste von eBay weiterzuleiten.

So verkaufen Sie bei eBay für Einsteiger 2024

- Geben Sie eine umfassende Beschreibung der Situation zusammen mit unterstützenden Beweisen an.

6. **Aufzeichnungen und Dokumentation:**

    - Führen Sie gründliche Aufzeichnungen über die gesamte Kommunikation mit anspruchsvollen Kunden, einschließlich SMS, E-Mails und relevanter Unterlagen.

    - Diese Dokumentation kann von unschätzbarem Wert sein, falls ein Eingreifen von eBay erforderlich ist.

7. **Behalten Sie ein professionelles öffentliches Image bei:**

    - Wenn Sie in einem öffentlichen Forum auf Herausforderungen stoßen, reagieren Sie höflich und professionell.

Bieten Sie eine höfliche Antwort auf öffentliche Beschwerden und laden Sie dazu ein, das Problem privat anzusprechen

AUKTIONEN VS. FESTPREISLISTEN: DIE RICHTIGE VERKAUFSSTRATEGIE BEI EBAY WÄHLEN

Die Wahl zwischen Auktionen und Festpreisangeboten ist eine strategische Entscheidung, die sich auf Ihr eBay-Geschäft auswirkt. Jeder Ansatz hat unterschiedliche Vorteile und Überlegungen:

So verkaufen Sie bei eBay für Einsteiger 2024

1. **Auktionen:** Bei eBay können Verkäufer bei Auktionen Waren mit einem Anfangsgebot und einer Gebotsfrist einstellen. Nach Ablauf der Auktionszeit werden Gebote abgegeben und den Zuschlag erhält der Bicter, der das Höchstgebot abgegeben hat. Hier sind einige Vorteile und Dinge, die Sie bei der Nutzung von Auktionen bedenken sollten:

Vorteile:
- Fördert wettbewerbsfähige Gebote, sorgt für Aufregung und erhöht möglicherweise den endgültigen Verkaufspreis.
- Ideal für Unikate oder Raritäten.
- Wirksam für die Freigabe und Liquidation überschüssiger Bestände.

Überlegungen:
- Unsicherer Endpreis.
- Zeitaufwändig, insbesondere wenn mehrere Auktionen gleichzeitig verwaltet werden.

2. **Festpreisangebote:** Bei Festpreisangeboten können Anbieter einen Preis für ihre Produkte angeben, und Käufer können sie sofort zu diesem Preis kaufen. Hier sind einige Vorteile und Dinge, die Sie bei der Nutzung von Festpreisangeboten beachten sollten:

So verkaufen Sie bei eBay für Einsteiger 2024

Vorteile:

- Bietet Kontrolle über die Preisgestaltung und sorgt für vorhersehbare Einnahmen für jede Transaktion.
- Ermöglicht schnelle Transaktionen und spricht Käufer an, die einen Sofortkauf bevorzugen.
- Effizient für den Verkauf mehrerer Exemplare desselben Artikels.

Überlegungen:

- Möglicherweise fehlt die mit Auktionen verbundene Dringlichkeit.
- Es ist schwieriger, sich in hart umkämpften Märkten hervorzuheben.

WÄHLEN DES EFFEKTIVEN ANSATZES:

Berücksichtigen Sie die folgenden Elemente, um die optimale Verkaufsstrategie zu ermitteln:

- Produkttyp: Auktionen sind möglicherweise eine bessere Möglichkeit, die Nachfrage und den Wert seltener oder besonderer Dinge zu ermitteln. Für reguläre Artikel mit Festpreisen eignen sich Festpreisangebote.

- Analysieren Sie die Nachfrage nach Ihren Gütern in der Branche. Eine Auktion kann dazu beitragen, den Verkaufspreis zu erhöhen, wenn der Artikel sehr

So verkaufen Sie bei eBay für Einsteiger 2024

begehrt ist. Für Waren mit stetiger Nachfrage können Festpreislisten sinnvoll sein.

- Laut Bestandsverwaltung können Auktionen ein kluger Schachzug sein, wenn Sie über zusätzlichen Lagerbestand verfügen oder Produkte schnell loswerden müssen. Festpreislisten bieten Ihnen mehr Kontrolle und ermöglichen eine effektive Bestandsverwaltung.

- Überprüfen Sie Ihren Preisansatz und entscheiden Sie, ob Sie Festpreise festlegen oder den Markt durch offene Ausschreibungen über den Wert entscheiden lassen möchten.

- Berücksichtigen Sie Ihre eigenen Vorlieben und die Zeit, die Ihnen zur Verfügung steht, bevor Sie sich zwischen der Verwaltung von Auktionen und Angeboten mit Festpreisen entscheiden.

Abschluss:

Die Entscheidung zwischen Festpreisangeboten und Auktionen hängt von Ihren Waren, der Marktlage und den Zielen Ihres Unternehmens ab. Beide Methoden bieten Vorteile. Nutzen Sie gegebenenfalls beide Taktiken, um Ihre Verkaufsstrategie zu erweitern und Ihren Erfolg bei eBay zu steigern. Analysieren Sie regelmäßig die Leistung Ihrer Angebote, um Ihren Verkaufsansatz anzupassen und

So verkaufen Sie bei eBay für Einsteiger 2024

mit den sich ändernden Marktbedingungen Schritt zu halten.

OPTIMIEREN SIE IHR EBAY-GESCHÄFT

Sobald Sie eBay-Verkäufer werden, ist die kontinuierliche Optimierung der Schlüssel zum Erfolg. Maximieren Sie die Effizienz, steigern Sie die Rentabilität und steigern Sie Ihr Geschäft mit diesen Strategien:

1. **Nutzen Sie die Verkaufstools und -funktionen von eBay:**
   - Nutzen Sie Ressourcen wie Seller Hub für die einheitliche Verwaltung von Angeboten, Lagerbeständen und Leistungsdaten.
   - Entdecken Sie Werbetools wie das globale Versandprogramm, beworbene Angebote und Verkäuferrabatte.

2. **Entdecken Sie Werbemöglichkeiten:**
   - Nutzen Sie einzigartige Angebote, Verkaufsveranstaltungen, Werbemailings und eBay-Kampagnen, um sich von anderen abzuheben und mehr Kunden zu gewinnen.

3. **Implementieren Sie ein effektives Bestandsmanagement:**
   - Verfolgen Sie Lagerbestände, richten Sie Warnungen bei niedrigen Lagerbeständen ein und pflegen Sie genaue Listen, um Überverkäufe oder Produktknappheit zu verhindern.

So verkaufen Sie bei eBay für Einsteiger 2024

4. **Erweitern Sie Ihr Geschäft:**
   - Diversifizieren Sie Ihr Inventar und erkunden Sie neue Produktkategorien, um ein breiteres Publikum anzulocken und das Verkaufspotenzial zu steigern.

5. **Optimieren Sie den Kundenservice:**
   - Reagieren Sie umgehend auf Kundenanfragen, sorgen Sie für eine höfliche und effiziente Auftragsabwicklung und tun Sie alles, um Vertrauen und Loyalität aufzubauen.

6. **Implementieren Sie effiziente Preistaktiken:**
   - Bewerten Sie Ihre Preisstrategie regelmäßig, indem Sie Markttrends, Wettbewerber sowie Angebots- und Nachfragefaktoren überwachen.

7. **Bleiben Sie über die Änderungen bei eBay auf dem Laufenden:**
   - Bleiben Sie über Änderungen bei Diensten, Richtlinien und Algorithmen auf dem Laufenden, indem Sie regelmäßig die Verkäuferankündigungen, E-Mails und Richtlinienaktualisierungen von eBay prüfen.

8. **Überprüfen Sie die Leistungskennzahlen:**
   - Analysieren Sie regelmäßig Verkaufsstatistiken, Konversionsraten und Kundenfeedback, um Muster, Stärken und Verbesserungsmöglichkeiten zu identifizieren.

So verkaufen Sie bei eBay für Einsteiger 2024

9. **Nutzen Sie Analysetools:**

    - Nutzen Sie Software von Drittanbietern oder die Analysetools von eBay, um Einblicke in das Kundenverhalten, beliebte Artikel und Verkaufstrends zu gewinnen.

Durch die konsequente Optimierung Ihres eBay-Geschäfts können Sie sich an Marktveränderungen anpassen und Ihre Chancen auf nachhaltigen Erfolg erhöhen

So verkaufen Sie bei eBay für Einsteiger 2024

HÄUFIGE FEHLER UND STÖRUNGEN VERHINDERN

Der Verkauf bei eBay kann ein äußerst lohnendes Unterfangen sein, aber es ist wichtig, sich geschickt auf der Plattform zurechtzufinden, um häufige Fallstricke zu vermeiden, die Ihren Erfolg behindern könnten. Wenn Sie diese Herausforderungen verstehen und proaktiv angehen, können Sie Ihre Chancen, Ihre Verkaufsziele zu erreichen, deutlich erhöhen. Hier finden Sie einen genaueren Blick auf häufige Fehler und Tipps zu deren Vermeidung:

UNGENAUE ODER UNGENÜGENDE PRODUKTBESCHREIBUNGEN:

- Geben Sie vollständige und präzise Informationen zu Ihren Produkten an und decken Sie Aspekte wie Zustand, Merkmale, Maße usw. ab.
- Verwenden Sie eine klare, prägnante Formulierung, um sicherzustellen, dass die Kunden vollständig verstehen, was sie kaufen.

Ignorieren der Richtlinien und Standards von eBay:

- Machen Sie sich mit den Richtlinien von eBay vertraut und befolgen Sie diese, um mögliche Konsequenzen wie Kontobeschränkungen oder Sperrungen zu vermeiden.

So verkaufen Sie bei eBay für Einsteiger 2024

- Bleiben Sie über Regeln zu verbotenen Waren, verbotenem Verhalten und Verkäufererwartungen auf dem Laufenden.

Vernachlässigung hochwertiger Produktbilder:

- Um die Aufmerksamkeit der Kunden zu fesseln, sind hochwertige Bilder unerlässlich.

- Investieren Sie Zeit in die Aufnahme gestochen scharfer, gut beleuchteter und detaillierter Bilder, die Ihre Artikel aus verschiedenen Blickwinkeln präsentieren.

Schlechte Kommunikation und schlechter Kundenservice:

- Rechtzeitige und professionelle Antworten auf Nachrichten und Anfragen von Käufern sind von entscheidender Bedeutung.

- Handeln Sie in allen Interaktionen höflich, offen und professionell, um Missverständnisse und negatives Feedback zu vermeiden.

VERSÄUMUNG DER DURCHFÜHRUNG EINER KONkurrenzfähigen Preisforschung:

- Bepreisen Sie Ihre Produkte wettbewerbsfähig, indem Sie Marktforschung betreiben und die Preise ähnlicher Artikel vergleichen.

- Berücksichtigen Sie bei der Festlegung Ihrer Preise Faktoren wie Qualität, Nachfrage und Versandkosten.

So verkaufen Sie bei eBay für Einsteiger 2024

SCHLECHTER VERSAND UND VERPACKUNG:

- Investieren Sie in geeignete Verpackungsmaterialien, um Versand- und Verpackungsfehler zu vermeiden, die zu beschädigten Waren und unzufriedenen Kunden führen können.

- Halten Sie sich an die Versandrichtlinien von eBay, nutzen Sie zuverlässige Lieferoptionen und stellen Sie genaue Informationen zur Sendungsverfolgung bereit.

KUNDENBEWERTUNGEN UND FEEDBACK IGNORIEREN:

- Kundenbewertungen sind wertvolle Indikatoren für Ihre Leistung.

- Achten Sie auf Feedback, reagieren Sie zeitnah und professionell auf negative Kommentare und nutzen Sie Feedback, um Ihr Angebot und Ihren Kundensupport zu verbessern.

Kontinuierliches Lernen und Anpassung vernachlässigen:

- Bleiben Sie über die Richtlinien, Trends und Best Practices von eBay auf dem Laufenden.

- Überwachen und bewerten Sie regelmäßig die Leistung Ihres Eintrags und passen Sie Ihre Strategien an sich ändernde Marktbedingungen an.

eBay ist ein aktiver Markt, der sich ständig verändert. Ihre Leistung kann beeinträchtigt werden, wenn Sie die

So verkaufen Sie bei eBay für Einsteiger 2024

Richtlinien, Trends und Best Practices von eBay nicht kennen. Halten Sie sich über neue Funktionen, Taktiken und Tools auf dem Laufenden, die Ihnen dabei helfen können, Ihre Verkaufsfähigkeiten zu verbessern, Ihre Angebote zu optimieren und sich an Markttrends anzupassen.

So verkaufen Sie bei eBay für Einsteiger 2024

FAZIT: IHRE eBay-ERFOLGREISE

Herzlichen Glückwunsch zum Abschluss dieses umfassenden Leitfadens zum Verkaufen bei eBay! Wir haben die Grundlagen des eBay-Verkaufs behandelt und Ihnen das Wissen und die Ressourcen vermittelt, die Sie für eine erfolgreiche Nutzung der Plattform benötigen.

Vom Verständnis des Potenzials von eBay über die Suche nach profitablen Artikeln, die Optimierung von Angeboten, die Verwaltung von Verkäufen und Kundenservice bis hin zur Vermeidung häufiger Fehler verfügen Sie jetzt über eine solide Grundlage. Es wurde betont, wie wichtig es ist, kontinuierlich zu lernen, sich an Markttrends anzupassen und die eBay-Funktionen für Verkäufer zu nutzen.

Denken Sie daran, dass Erfolg bei eBay Engagement, Anpassungsfähigkeit und kontinuierliches Lernen erfordert. Bleiben Sie über Branchentrends, Kundenpräferenzen und neue Technologien auf dem Laufenden, um Ihr Wachstum und Ihre Rentabilität in diesem dynamischen Markt voranzutreiben.

Nutzen Sie die Tools, Communities und Foren von eBay, um mit anderen Verkäufern in Kontakt zu treten, Erkenntnisse auszutauschen und wertvolle Informationen zu erhalten. Beim Verkauf auf eBay geht es nicht nur darum, Verkäufe zu tätigen, sondern auch darum, Beziehungen zu Ihrer Zielgruppe aufzubauen, deren Vertrauen zu gewinnen und eine starke Marke zu etablieren. Der Erfolg hängt von Ihrer Beharrlichkeit, Kreativität und Begeisterung für das ab, was Sie verkaufen.

Vielen Dank, dass Sie sich uns bei diesem eBay-Verkaufsabenteuer angeschlossen haben. Wir sind davon überzeugt, dass dieser Leitfaden Ihnen das nötige Wissen

So verkaufen Sie bei eBay für Einsteiger 2024

und Selbstvertrauen vermittelt hat, um Ihre eBay-Reise erfolgreich zu beginnen. Viel Spaß beim Bieten bei eBay und viel Erfolg bei Ihren Bemühungen!

www.ingramcontent.com/pod-product-compliance
Lightning Source LLC
Chambersburg PA
CBHW071217240526
45470CB00018B/2065